김남주 시와 수필

사랑할 수 있는 한 사랑하라

김남주 시와 수필

사랑할 수 있는 한 사랑하라

창조문예사

동백

붉다
빨갛다
수줍다
사연이 있다
너는 동백이다

봄꽃

너를 보면 달달한 게 생각나

너를 보면 어릴 적 때 지어 다니며 온 동네를 누볐던 동무들이 생각나.

어쩜 한 줄기에 오순도순 그리도 많이 달려 있니?

다투지도 않고 샘내지도 않고

서로서로 양보해 가며 질서도 잘 지키며

올해도 어김없이 첫봄을 알리는 너희들!

첫 마음

첫 시작

처음 모든 것을 새롭게 새로이 떠오르게 하는 건 너밖에 없지

긴 겨울을 뚫고 맨 처음 피어나는 꽃

노오란 개나리!

고백

왜? 무슨 일 있어?
얼굴이 새빨간 게……
어머나 어제보다 더 빨개졌어
수줍은 일이야?
화나는 일이야?
자고 나면 빨갛고 더 빨갛고
뭐? 뭐라고 볼을 맞대고 있었다고?
옆집 그 총각 날 좋아한대
그 고백을 듣고 이렇게 온 볼이 빨갛다고?
밤새 얼마나 소곤소곤 소곤댔기에
너희들도 덩달아……
하나같이 모두들……
그래 우리 모두 다 같이 빨개졌어
그래서 고백은 좋은 거야

파도

갈 때마다 다른 너
볼 때마다 한 번도 똑같은 날이 없던 너
내가 좋아할 땐 같이 좋아 너울너울 달려드는 너
내가 서럽도록 슬플 땐 같이 슬퍼 울부짖으며 달려오던 너
내가 외로워서 널 보러 가면
너도 외로워서 서슬 퍼래 있던 너
난 네가 왜 이리도 좋으니?

 책을 내면서

   수많은 제목이 떠올랐다.
   세 가지 안을 놓고 각축전을 벌였다.
   홀로 여행길에 들은 "프란츠 리스트" 〈사랑의 꿈 3번〉을 들으며 결정했다.

   "사랑할 수 있는 한 사랑하라"
   아무 때나 사랑은 오지 않는다.
   내 방식의 사랑은 NO이다.
   사랑할 수 있는 한의 시간들은 무한이 아니다.
   사랑할 수 있는 한의 사랑을 너무도 가벼이 여기고 있다.
   혹은 남용, 맹종, 굴복, 집착 또는 일방통행으로 변질시키지는 않는지……
   돌아보고, 짚어보고 싶어서
   나의 첫 책 이름으로……

   『사랑할 수 있는 한 사랑하라』로 정해 본다.

차례

동백	4
봄꽃	6
고백	8
파도	10
책을 내면서	12

1부 _ 시

홀로	18
부캐	20
이 고요한 아침!	21
창공	22
지는 해	24
값으로 치를 수 없는 너	26
새해맞이	28
늦둥이들	30
무상무념	31
밤 손님	32
고독한 남자	34
나이와 병원	35
잘 가라	36
외로운 내 아버지	37

핑크 소녀	40
1,400일 된 내 사랑	42
한 해의 속절없음이여	43
내 사랑 수현아	44
우리만의 남자	46
내 새끼들 104개	48
밥	50
5월에만 보여	52
여섯 자매들	53
잔주름	56
남주南珠	57
여기 육각형 한 분 소개할게여	58
카페인 듯? 카페 아닌, 꽃집인 듯? 꽃집 아닌……	59
불가능을 가능케 한 내 놀이터	60
광교에 정운 님	62
나의 CCTV	63
지각했넹	64
다 맡겨라	66
쓸 돈 있으세요?	68
딸기	70
약속	72
네 이름은 청순함!!!	74
아가들 오는 날	75
14,720일 내 사랑	76
내 사랑 철이	78
슬픈 이름의 꽃	80
어느 노부부	82
하늬바람	84

나들이 가는 날 85
그분 86
혼자인 척 쓸쓸한 날 88

2부_ 수필

5년 된 임시 집 92
다섯째 동생 남우 93
그 애는 계집아이였어 94
내가 사랑하는 것들 95
하철 군 고마워 96
근육 부자 97
그녀의 새엄마 98
재벌 아버지 100
척척박사 내 친구 102
빈손 104
애달픈 아내의 마음 105
108동 906호 108
통기자님께 110
84살 할비의 도시락 111
그 여자 112
아침상 114
사랑! 유통기한 끝나셨네요 116
운구차 기사님의 하루 118
글로벌 할미 120
만날 때까지 안녕 122

참 괜찮은 사람	124
가족의 새 이름들	125
엄마의 나이가 되고 보니	128
2년 살이	129
철 따라 피고 지는 꽃처럼	132
백년손님	134
여섯 살 많은 엄마	136
마을 냉장고	138
둘째 외손주	140
나의 분신	142
돌돌이와는 지금도 여행 중	143
You	146
유자밭	148
돈비	152
지금 뭐 하고 계세요?	154

1부

시

홀로

홀로다
혼자다
늘 홀로다
늘 혼자다
늘— 홀로…… 늘— 혼자……
너처럼 그리 홀로 지내는 이 누구였던가
이제는 익숙한 홀로일 때도 되지 않았는가?
그런데 왜?
그런데 왜?
이렇게 익숙치 않아지는 걸까?
그런데 왜
아직도 홀로인 게 힘들까?

부캐

나는 부캐다
나는 본캐이기도 하다
카멜레온 같은 부캐
그런 내가 난 느무 조으다
2022년 가장 예쁜 가을날에
남주가 남주에게……

이 고요한 아침!

눈부신 이가 거실까지 들어와
아침밥 안 주느냐고……

좀 꾸물거리는 사이 어느새 주방까지 들어와
버티고 앉는다
그래 맛난 우유커피 눈부신 이랑 나눠마신다
구운 계란도 눈부신 이랑 사이좋게 나눠먹고……

네가 매일 와줘서
나랑 매일 아침을 먹어줘서 고맙다
내 친구 찬란한 눈부신 이야……

창공

하늘이 시린 날은 발이 너무 시려
하늘이 뿌연 날은 눈이 너무 아파

하늘이 석양을 품으면 난 바빠지고
하늘이 흰 달을 품으면 잠시 한숨 돌렸다가
그 하늘 속에 노란 달이 나오면
온 가족이 꿈나라
9층의 창밖 나라

지는 해

동백보다도 더 붉은 적 있었다
한섬의 바다 빛보다도 더 푸르를 때 있었다
동굴처럼 깊고 어두운 터널도 있었다

그러나
그러나
지는 해도 좋다
노을은 더 아름답다

깊게 깊게 파인 주름도 쳐내고 싶지 않고
삐그덕삐그덕 오늘도 힘겨워하는
내 두 무릎!
안쓰럽고 고맙다

값으로 치를 수 없는 너

오늘도 날 희열케 하고 행복케 하는 넌 누구니?
누구길래 이렇듯 내 주방까지 깊숙이 들어와 날 빼꼼히 보고 있는 거니?
내가 가장 연모하며 사랑하며 즐겨 하며 누리고 만끽하는 가장 좋은 나의 엔돌핀!
넌 내게 건강을 주고
잠도 주고
힐링도 주고, 주고 주고 또 주는……
받기만 하는 나
한없이 주기만 하는 너!
고마우이
오늘도 이렇게 찬란한 햇빛아
오늘도 이렇게 보석처럼 빛나는 햇빛아……

새해맞이

뺏지도 않아
내놓으라고 으름장도 놓지 않아
안 간다고 못 간다고 떼쓰지도 않아

모든 걸 알고 있어
모든 게 순리라는 걸,

가고 오는 것도
주고 가는 것도
모든 세상의 이치라는 걸,

그렇게 소리 없이 어제가 빠져주고
새로운 오늘이 왔어
그렇게 질서정연하게 순리대로……
이걸 새해맞이라고 해
사람들이 붙인 이름이지

늦둥이들

엄마 왔다 하면 일제히 바라보는 너희들
난 다둥이 맘이 아니라 다육이 맘이다
저물어가는 내 인생에 내 새끼들이 되어준 너희들!
어느새 내 베란다의 전부를 차지했구나,
매일 관리하지 않아도, 늘 신경 쓰지 않아도
무럭무럭 잘도 자라 주어
꽃으로, 잎으로, 줄기로
각각의 아름다움으로 뽐내주는 너희들,
고맙다 사랑한다
무럭무럭 잘 자라다오

내 사랑만큼 내 정성만큼
아니 그보다도 더 많이 자라주어 고맙다
너희들을 아낀다
모옵시 아낀다

무상무념

아침이다

느긋함, 게으름, 뒹굴뒹굴 홀로다

무간섭, 무계획, 무상무념

무엇을 할까?

무엇을 먹을까?

생각지 않고 있음

아무 생각 없는, 아무 행동도 없는

참으로 좋은 아침……

밤 손님

언제 왔을까?
소리도 없고 향기도 없는 너
겨울이면 늘 찾아오는 너
올해도 변함없이 하얗게 하얗게 단장하고
휘적휘적 펄펄—
날리다 창가에 부딪히고 누군가의 머리에 떨어지고
그러다 이내 사라져버리는 너

흔적 없이 왔다 가는 너
때로는 기쁨도 되고 희망도 되고, 아이들의 놀잇감도 되고
생계가 달린 어른들에겐 민폐가 되기도 하는 너!

그래도 난 네가 있어 좋다
낭만이 있어 좋다
추억이 있어 좋다
그냥 네가 좋다……

고독한 남자

아무리 애써도 달랠 곳이 없다
아무리 힘들어도 기댈 곳이 없다

아무리 외로워도 위로해 주는 이
하나 없는 고독한 사람
내 아버지

평생을 쓸쓸하고 고독하고
외롭게만 사시다가 가신
내 아버지!!!

나이와 병원

내가 선택할 수 없음이다
내가 안 먹고 싶다고 안 먹을 수 없으니까
가기 싫어도 가야만 한다
왜?
재수 없으면 120살까지 사는 세상이 왔으니까
사는 날까지 건강하게 지내다 가야 한다
그래서 먹고 싶지 않은데도 먹어야 하고
가고 싶지 않아도 가서 체크해야 한다
이것이 노약자의 최선이다

잘 가라

또 보내야 하는 너 붙잡아도 가는 너
간다 가버린다
매몰차게 뒤도 돌아보지 않고 간다
삐질 대로 삐졌는지 제 할 일을 다 했다는 건지……

그리도 당당한 너는 누구냐
등 돌리고 가는 너에게서 난 무엇을 얻었냐

소중한 시간들! 셀 수 없는 추억들!
지금만이 가질 수 있는, 이 순간만이 내게 주는 기쁨, 평안, 행복 다 있었다
고맙다
잘 가라―

외로운 내 아버지

세상이라고 나왔다
밝고 희망찬 줄 알고 나왔다
태어날 때부터 정해진 거다

한글만 어찌어찌 어깨너머로 알게 되었다
학교생활 한 번 못 해본 내 아버지

절름발이라고 놀리는 아이들 땜에
내 다리가 성치 않다는 걸 알았다
나는 누구나 나처럼
삐뚤삐뚤 걷고
앞이 반만 보이는 줄 알았지
누구나 나처럼……

부모 없는 놀림감
다리 저는 놀림감
한쪽 눈이 안 보이는 놀림감

평생을 그 많은 장애 속에서
그 험악한 세월을 헤치며
사신 내 아버지
불쌍하신 내 아버지

핑크 소녀

핑크색을 좋아하는 너
보랏빛은 더 좋아하는 너
너는 늘 그 많은 인형과 모형들을 가지고 일인다역을 혼자서
잘도 해가며 천진난만히 놀고 있다
어쩜 그리도 혼자서 지루해하지도 않고
한 시간째 두 시간째 잼나게 잘도 노는지……
너를 보며 인생을 배운다
너를 보며 사는 맛을 배운다

5살짜리 내 보기도 아까운 손녀에게

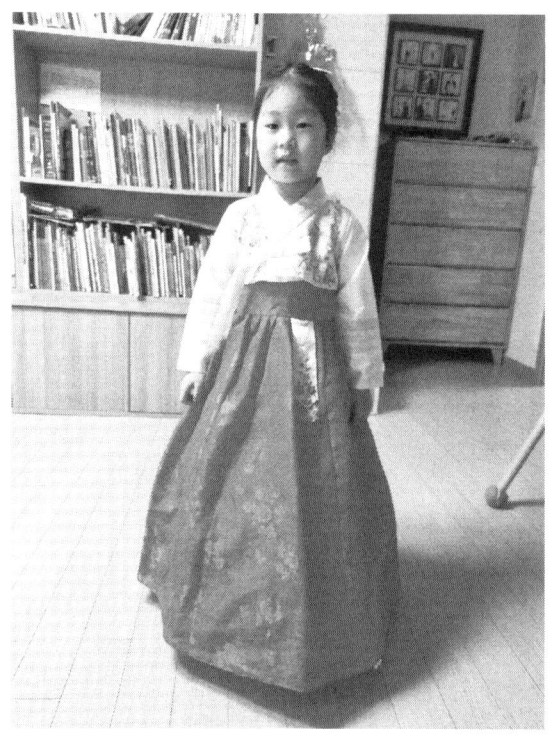

1,400일 된 내 사랑

아가야 너는 어느 별에서 왔니?
내 어여쁜 아가야
내 소중한 아가야

사랑스럽다
예쁘다
귀엽다라는 어떤 말로도
어떤 언어도 이 세상 속 언어나 표현으로는
너를 감히 나타낼 수가 없구나

그 무엇으로도 그 무슨 글귀로도
형용할 수 없이 예쁘고 예쁜 우리 아가야
사랑하는 아가야

건강하면서도 인성 있게
행복하면서도 배려 있게
너 하고픈 것 다 하면서도 매너 있게
네가 제일 잘하는 걸 하면서도 능력 있게
그렇게 그렇게 성장해다오

한 해의 속절없음이여

누가 쫓아오니?
누구에게 쫓기니?
왜 너는 그리도 빠른 걸음이더냐
왜 너는 그토록 과속으로만 달리더냐
어디에 지치고 무엇에 치여서
그리도 바쁜 걸음을 재촉하더냐
이날에 할 일을,
오늘의 다함을,
그리도 잘 보내고
한 치의 미련도 없이 그리도 잘 가더냐

내 사랑 수현아

여덟 살이 되도록 밥도 혼자 못 먹어

옷도 혼자 못 입어

매일 드나드는 현관문도 혼자 못 열어

니 에미는 널 보며 하는 말

안 보면 한숨 나고

보면 웃음 나는 아이라 했다

그런 수현이가 학교에 가더니

공부도 척척

학교생활도 척척

교우 관계도 척척

심지어 각 쌤들에게 모든 인기 한 몸에……

어떻게 된 거니?

너 그런 애였어?

정말 사랑스런 수현

너무나도 보배인 수현!

영역	특기사항
동아리활동	인공지능 기반의 가상 현실 경험을 통해, 가상 현실에서 인공지능의 역할을 탐색함. AI를 활용하여 규칙적인 무늬를 만들어 벽화 디자인을 함. 교육활동 발표회에서 꾸준히 노력해서 완성한 보석 십자수 작품을 친구들에게 소개함.
진로활동	

▷ 봉사활동상황

봉사활동실적					
일자 또는 기간	장소 또는 주관기관명	활동내용			시간	시간누계

▷ 행동특성 및 종합의견

행동특성 및 종합의견
학교의 여러 가지 규칙을 성실히 잘 시행하며 주변 친구들과도 사이좋게 잘 지냄. 바르고 고운 말을 사용하며 예의 바른 학생으로 선생님과 친구들에게 인사를 잘함. 모둠 활동 중 모둠원 간 의견 충돌이 있을 경우 중재하는 지도력이 있음. 학습 활동에서 잘하고자 하는 의지가 강하고 침착하고 차분한 태도로 과제를 꼼꼼하게 마무리하며 사고력이 우수하여 전 영역에 걸쳐 학업 성취도가 매우 높음. 가창력이 탁월하여 노래 부르는 활동에서 두각을 나타냄. 어려움에 부딪쳐도 긍정적으로 생각하여 문제를 해결하려 하며 항상 웃으면서 이야기하는 습관이 있어 주변을 밝고 편안한 분위기로 만드는 데 큰 역할을 함.

▷ 가정통신

우리만의 남자

남자라곤 단 한 명도 없었다
그 누구도 남자를 본 적이 없다
내 어릴 적 우리 집은 여자만 8명
딸 여섯에 노老 할머니, 엄마 이렇듯 여자 8명
그중 유일한 아빠가 남자였지
그 어떤 남자였는지 전혀 모르는 남자
남자 냄새라곤 그 어느 곳에서도 날 수 없는 남자
그저 아홉 식구 밥 굶을까 봐 전전긍긍했던 짠 내 나는 내 아버지 남자 사람
남성미라곤 1도 없이 평생 고달프기만 했던 내 아버지 남자 사람

내 새끼들 104개

엄마는 3주 동안 오지 않았다
우리는 물이 먹고 싶었다
지난번 다녀갈 때 잘 다독거려주긴 했으나
조금은 춥기도 하다

오늘은 엄마가 오는 날이다
과연 이번 주엔 엄마가 올까?
우린 이미 현관까지 마중 나와있다
"내 사랑하는 아가들 다육이"
하면서 반길 엄마를 기다리며……
"얘들아 엄마 왔다" 하면서
들어설 엄마를 기다리며……

밥

밥이 되고 싶다
밥!
너희들이 가장 만만하게 먹을 수 있는 밥
거친 세상에서 힘들거든 나를 밥으로 삼아라
지치고 기댈 곳 없는 너희에게 정녕 밥이 되고 싶다
돌부리에 채이는 밥도 좋고
샌드백처럼 두들기는 밥도 좋다
너희들의 기분만 나아질 수 있다면
어떤 밥이든 무슨 밥이든 다 되고 싶다
이것이 바로 엄마의 밥이다
이것이 바로 엄마의 맘이다

5월에만 보여

아가의 여린 손!
귀여움 만땅!
세상 예뻐
그냥 웃음만 나와
멀리서도 다가가게 만들어
바라볼수록 감동해!!!!!!
2022년 5월 산행 중 파릇파릇 나온
새순들이 내게 주는 기쁨

여섯 자매들

딸만 여섯
딸부잣집
아들 없는 집
어려서부터 숱하게 들어왔던 말
딸이 많아서 왜?
누구에게 폐 끼친 일 없고 누구에게 도움받은 적 없이
순수하게 우리 엄마 혼자서 오롯이 애쓰며 수고하며 낳은 딸들인데……
오롯이 엄마만 맘고생, 몸 고생, 무지 많이 엄청 힘들게 낳고 키운 딸들인데……
그 옛날에 그리도 지탄받아야 할 일이었던가?
그 옛날에 그리도 손가락질당할 일이었던가?
참 불쌍한 우리 엄마
참 가엾은 우리 엄마
엄마가 1934년생이 아니고 2000년생이었으면……
지금 이 시대에 여섯 딸을 낳았으면
정부에서 지자체에서 서로 모셔가는 영웅이 되었을 뻔……
엄마,

사랑하는 엄마!
딸 여섯 낳은 거 지금이라도 축하드려요
아주 잘 하셨어요

잔주름

어느 날 돋보기 너머 보이는 내 손바닥
잔주름투성이인 내 손바닥
이 많은 잔주름 때문에
마음이 홀로인 것에 아픈가?
손바닥 잔주름을 트집 잡아
홀로의 외로움이 덮어씌는 걸까?
무엇을 어떻게 해도 외로움이
가시지 않는 건 왜일까?

남주南珠

남 주기 아까워 남주가 되었나?
딸 딸 딸
중간 턱에 걸린 세 번째 딸!
삼대독자 집안에 기다리고 고대하던 아들 대신 또 딸!
누구도 반기지 않았던 실망스러운 탄생
근데도 이렇게 훌륭한 이름을 지어 주셨네요
남 주기 아까우니 그 누구도 주지 않고
남주를—
남주를—
이제라도 너무도 사랑한다 말하며 아껴주며
남 주기 아까운 남주랑 잘 지내볼게요

여기 육각형 한 분 소개할게여

아우라 쩝입니다,
카리스마 쩝니다,
중요한 건 미인입니다,
더 중요한 건 춤선이 너어무 예쁩니다,
거기다 목소리는 당근 옥구슬입니다,
여기서 끝이 아닙니다,
학생들을 가르치는 포스 또한 남다릅니다,
(30대에서 80대까지 다양한 연령대임에도)
그분이 바로 울 체육관에서 140명을 가르치는
라인댄스 쌤입니다,
이상 4년을 같이 수업한 학생의 전언입니다……

카페인 듯? 카페 아닌, 꽃집인 듯? 꽃집 아닌……

카페? 아닙니다, 근데 모두에게 따뜻한 차는 물론이고 무엇보다 마음을 나누는 차를 드립니다

꽃집? 아닙니다, 근데 계절마다 어여쁜 꽃들이 피고 집 니다

식당? 아닙니다, 근데 매주 수요일과 주일 12시에 오시면 누구나 식사 가능하십니다(무한 리필 뷔페로)

쉼터? 아닙니다, 근데 누구든, 언제든 오시면 편안하게 몸도 마음도 쉴 수 있습니다

여기가 바로 원주시 무실로에 있는 우리평화교회입니다

그대도 여기서 잠시 쉬어 가실래요?

불가능을 가능케 한 내 놀이터

어
악
후—
곡소리, 신음 소리, 오늘도 치열한 삶을 살고 있는 일부의 아우성이다
PT 실내 헬스장
어느 누구는 절실한 목숨의 끈을 잡으러 이것만이 살길이라 매달리는 사람!
어느 누구는 몸매만큼은 꼭 챙겨야 한다고 매달리는 사람!
또 어느 누구는 남는 시간 휘적휘적 때우러 오는 사람
저마다의 사연이 있어
저마다의 사연을 안고
그 모든 기구들은 쉴 새 없이 누군가의 손에 붙잡힌 채 열일을 하고 있네
땀방울 구슬방울 맺힌 모두의 삶이
어디 이곳이라고 소중하지 않겠어?

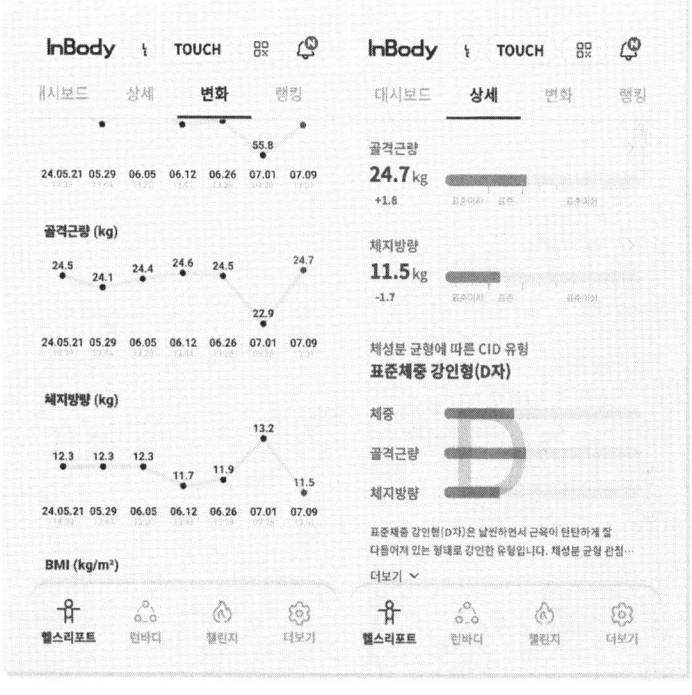

광교에 정운 님

언제는 들국화인가 싶더니
언제는 민들레인가 싶더니
또 언제는 수선화이더라
이렇듯 여러 컬러의 매력 부자인 그대는 내가 좋아하는 동생이더라
하늘은 높고 들판은 가을빛이 가득인 날, 국화꽃이 앞다투어 피는
어느 가을날
피 한 방울 섞이지 않은 나의 동생 정운이에게

나의 CCTV

나의 40년이 다 들어있어
1년에 한 권씩 쌓여가고 있어
벌써 40권째야
내 삶의 절반도 넘는 걸 네가 다 알고 있구나
내가 얼마나 슬펐는지……
내가 얼마나 기뻤는지……
내가 얼마나 못됐는지……
너에게 내 안을, 내 겉을, 내 속을, 나의 전부를 까발렸구나
그래 나 그런 사람이다 그러니 어디 가서 얘기하지 마라
지금
오늘
칠십 평생을 살아온 지금의 오늘만 얘기해라
지금 나는 가장 좋은 시절을 보내고 있다고……
지금 나는 가장 부한 삶을 살고 있다고……
다섯 명의 손주에 아들, 딸, 며느리, 사위까지—
가장 부한 삶

지각했넹

왜 이렇게 늦었어?
벌써 3월인데……
아직도 자리를 내어주기 싫은 거니?
그 위상을 떨침이니?
"나 이런 계절이야—"라고……
요즘 선거를 40일 앞둔 시기 서로의 자리싸움에 머리통 터지는 정계 같다
그래도 난 예쁘게 해석하련다
이렇듯 눈이 풍성하게 내리면 풍년을 약속한다 했지
그래 제발 그래 줘라
이 겨울에 그 흔한 밀감 하나도 귀한 몸 된 지 오래……
몸에 좋다는 아침 금사과는 먹기도 미안할 만큼 비싼 값을 지불하고 있다
참으로 팍팍하다
서민들의 삶이 너무도 고되다
제발 제발 올해는 풍년을 약속해 다오
기후 탓에 힘들어하는 농민도 살리고 치솟는 물가에 힘들어하는
주부들의 장바구니도 살려다오

다 맡겨라

다 맡겨라
네가 하지 마라,
네가 나서지 마라,
열심도,
사는 것도,
기도도,
나랑 하자,
나랑,
왜 나한테 맡기질 못하니?
왜 뭐든 다 네가 하려고 하니?
언제면 되니?
언제쯤이면 내게 다 맡길 수 있겠니?
아직도 내게로 가까이 올 수 없겠니?
오늘도 주님은 말씀하신다
넌 그냥 가지에 붙어만 있으라고……

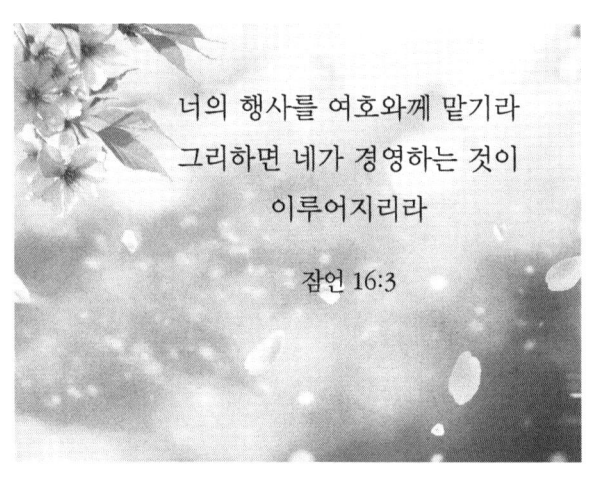

쓸 돈 있으세요?

어느 지인이 내게 물어온 말……

나이 칠십인데 죽을 때까지 누구 신세 안 지고 아프면 병원 가고 누구한테 손 벌리지 않고 당당하게 쓸 돈은 있어야 하지 않겠냐고……

나는 언제 죽을지 모르고 얼마나 쓸는지 모르나 내 아버지가 부자예요

어마어마한 부자

우리는 감히 상상도 할 수 없는 부자

정원도 많고 어디든 다 아름답고 내 본향 집은 더더욱 아름다워

금박 은박 각종 보석들이 박혀있고 지금 이 순간까지도

내 아버지 덕으로 잘 먹고 잘 쓰고 잘살고 있노라고

나는 가진 거 1도 없지만 지금까지 살면서 부족한 거 없었으니 이만하면 된 거 아니냐고,

이렇듯 다 누리고 살게 하시니 더 이상 바랄 게 없다고……

그저 아버지가 부르시는 그날까지 아버지 손 꼭 붙잡고 있다가 따라가는 거라고……

언제까지라도 아버지 안에서만 있으면
무얼 먹을까?
무얼 입을까?
무얼 쓸까? 걱정 안 해도 되는 거라고……

딸기

한 밤 자면 빠알갛고
두 밤 자면 더 빠알갛고

얼마나 수줍으면 그토록 빨개질까?
얼마나 사모했으면 온 볼이 다 취한 듯할까?

온 동네 다-아 소문나게 짝사랑했으니
할 수 없어 옆 줄기 총각에게 시집갈 수밖에……

약속

아무것도 없는 것이 약속이다
아무하고도 약속 잡을 수 없음이다
몸을 비워야 하기에……
언제부턴가 누군가하고 약속을 하면 먹는 약속이 돼버렸다
카페나
식당으로……
얼굴만 보면,
안부만 물으면,
안 되는 약속이 돼버렸다
오늘은 호젓이 나와의 약속을 지킨다
그 누구와의 약속보다 중요한 나와의 약속이기에―
그런 나를 대견하게 바라보면서……

네 이름은 청순함!!!

넌 소녀였었니?

지금도 소녀이니?

반백 년을 살아냈는데도 아직 그대로인 너의 눈망울……

군대 간 아들을 애인처럼 기다리는 너의 맑은 마음, 엄마, 모정

너처럼 순한 엄마가 내 곁에 있어서 좋다

너처럼 엷은 부인이 나와 지인이어서 좋으다

그런 너를 사랑하는 마음이 뿜 뿜

그런 너를 보고픈 마음이 뿜 뿜

또 다른 새날을 맞으며 네가 그리운 어느 날에……

아가들 오는 날

짝사랑
얼굴이 자꾸 붉어져
걷잡을 수 없이 발그레해져
오늘은 더 숨길 수 없어 빨개졌어
그래서 결국 들키고 말았지
아기 손님들이 왔어
그 고사리 같은 예쁜 손으로
날 데려가 주길……
아가들 오는 날만 기다렸어
드뎌 아가들이 날 데려가는 날
난 너무 행복했어

14,720일 내 사랑

너는 꽃보다 아름답다
너는 진솔한 우정만큼 빛난다
너는 유월의 청포도보다도 더 싱그럽다
그 어디에도 너처럼 어여쁜 아가는 없다
오직 너뿐이다

내 사랑 철이

널 만나러 가는 길은 늘 설렌다

날 어데로 데려다줄지 알기에……

넌 내 전용 좌석도 준비해 주고 얼마나 친절한지 한 구간도 그냥 지나치지 않고

얼마나 자상하게 잘 알려주는지……

너는 내 전용 비서이고

나의 가장 비싼 자가용에

가장 거대한 내 애마이기도 하지

덩칫값을 하는 너는 그 어디 못 가는 곳이 없다

서울을 넘어 용인, 인천, 천안, 아산, 판교, 여주, 김포, 임진강, 춘천, 양평, 하남 검단, 온양온천, 영천, 평택, 에버랜드, 북한산, 의정부, 파주, 임진강, 계양, 영종도, 인천공항, 부천, 소래포구, 오이도, 수리산, 과천 등등,

어쩜 넌 매번 내가 필요할 때마다 그 먼 길도 가까운 길도 한결같이 친절하게 짜증 한 번 안 내고 정확한 곳에 잘도 데려다주니?

난 그런 너를 사랑 안 할 수가 없다

너는 내가 가장 사랑하는 하철 군이다

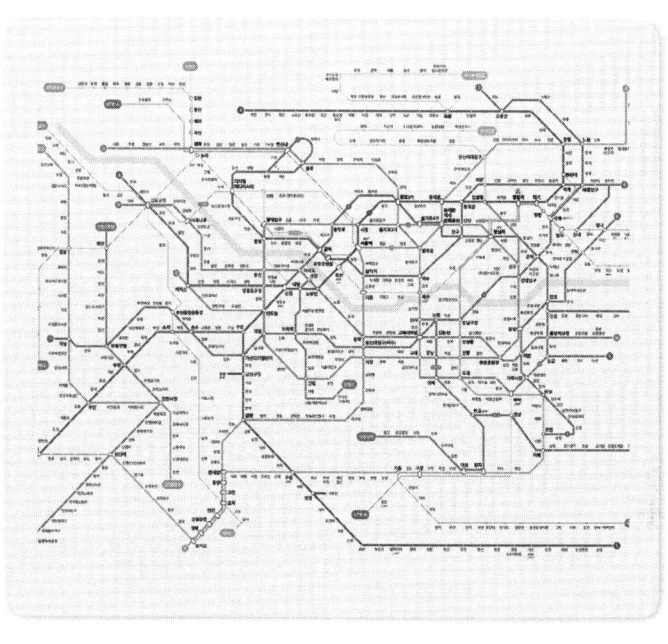

슬픈 이름의 꽃

한 줄기 기다란 흰 밥풀꽃!
배고파 배고파 너무 많이 굶어 며느리가 쓰러진 그곳에
밥풀과 같은 흰 꽃이 피고 지고 피고 지고 또 피고……
기다란 한 가지에
무수히 피어나는 슬퍼 보이는 밥풀꽃!
그곳에 묻혀서라도 실컷 먹으라고 저승 가는 길에라도
밥풀꽃 한 아름 먹으며 가라고—
슬픈 이름처럼 슬프게 생긴 하얀 밥풀꽃
밥풀 떨어지듯 힘없이 흔들거리는……
그래서 꽃말도 '헛수고, 하찮은'이구나
슬픈 너의 진짜 이름은 조팝나무꽃

추신 : 옛날 어느 악독한 시어머니가 며느리에게 밥을 굶겨 가며 일만 시키니 결국 못 먹고 배고파서 세상을 떠났는데 그날 그 며느리 쓰러진 그 자리에 이렇듯 밥풀처럼 생긴 슬픈 하얀 꽃이 피어났다는……

어느 노부부

조달과장
조리과장
내가 아는 지인 중에 남편분의 연세는 92세
아내 되는 그분은 85세
자제분인 두 아드님은 각각 가정을 이뤄 사회의 일원으로 아니 큰 주춧돌로
제 몫들을 다하고 있고……
이 노부부는 아드님 댁 근처 가까이에서 지금까지 건강하게 하나님 경외하며 하나님 1순위로 감사의 삶을 사시는데……
어느 날 아내분이 너무나 밥이 하기 싫어
나 조리과장 못 하겠소 하니
그 남편분도 나도 그럼 조달과장 안 하겠소 하시더란다
노부부가 강건하게 60년 가까이 해로하시면서 아직도
조리과장, 조달과장 직함을 갖고 계시다니……
그래 그날은 두 분 다 조리과장, 조달과장 잠시 내려놓고 외식으로 대신하시었나요?
알콩달콩 해로하시는 두 분!
너무나도 보기 좋고 부럽습니다

하늬바람

하늬바람 부네
보랏빛 라일락 흐드러지네
오동나무 꽃잎도 보랏빛이네
반가운 사람 버선발로 마중 나갈 차림이네

아카시아 하이얀 꽃잎 따먹으며 갈까
그 향기 주머니에 넣으며 갈까
개망초, 데이지, 제비꽃, 수선화, 애기똥풀 다 나와서 기다리는데
살랑바람만 혼자서 왔다 갔다
설레며 오가는 눈웃음도 가득한데
그대는 무엇을 기다리며 설레는가
그대는 무슨 그리움에 시선을 멈추는가

나들이 가는 날

오랜만에 찾은 나들이 둘레길
아카시아 흰 꽃이 꽃길만 걸으라며 밤새 흩뿌려 놓았구나
오동나무 보라 송이 큰 꽃잎은 어느새 아랫마을까지 마중 나와있고
곰취, 두릅, 엄나무, 머위대, 굽이굽이 도는 둘레길마다
저마다의 해낼 일 다함으로 기다리고 있었네
차마 너를 데려갈 수 없어
인사만 하고 지나친다
내년에도 또 오마고……

그분

그분은 늘 너그럽습니다

그분은 때론 내가 놀랄 정도의 서프라이즈도 잊지 않으십니다

그분은 단 한 번도 내게서 눈을 떼지 않으십니다

늘— 나를 안고 또는 업고 또 앞서서

또는 뒤서서 밀고 당기며 나를 단 한 번도 떼어 놓지 않으신 분입니다

그분의 계산법은 나의 상상을 뛰어넘습니다

그분은 내게 가장 귀한 것을 주신 분입니다

때때로 내게 꾸짖기도 하십니다

또는 체벌도 내리시지요

그분은 심판도 가능하신 분입니다

하지만 저는 그런 그분이 몹시도 좋습니다

내 평생을 바칠 만큼 무지무지 좋습니다

사랑합니다 그리고 경이롭기까지 합니다

그 누구도 감히 흉내 낼 수 없는 그분은 나의 아버지 되시는

내 하나님이십니다

혼자인 척 쓸쓸한 날

나는 너무 슬퍼서 울고 있었지
너무 힘들어서 눈을 뜰 수조차 없었지
너무 아파서 아프다는 소리조차도 안 나왔지
그런 내게 그분이 오셨어
조용히 다가와 가만히 계시더라
어깨를 두드리지도 만지지도 않으셨어
그런 그분에게 내가 따졌지
왜 아무 말 안 하냐고
왜 이렇게 날 힘들게 하냐고
침묵하던 그분은
조용히 날 바라보라 하셨어
네 마음을 들여다보라 하셨어
네 안에 나 있다 하셨어
그분은 태초부터 날 뽑고 선택하신 분이셨어—
내 아버지!

2부

수필

5년 된 임시 집

 5일만 사는 나의 집! 5년째……. 정확히는 1,190일 된 집 아니 아들 집, 또 다른 내가 살아가는 곳—. 여기 이곳 아들 집에서 주중을 보내고 주말이면 내 집으로 간다.
 처음 아들 집에 와서 둘째 손녀를 봐달라고 할 때 나는 선뜻 가겠다고 했다. 아니 내가 먼저 간다 했다. 난 젊었을 때부터 손주, 손녀 내가 먼저 키우고 싶었으니까…….

 딸아이네 곁에서 8년을 같이했으니 이제 아들 집으로 가는 것도 현명하다 생각했다. 역시 내 결정과 선택은 적중했지.

 내 지혜로움과 아들 며느리의 현명함이 더해져 지금까지 아주 잘 지내고 있어. 요즘 세상엔 손주들 실물 보기 힘들지. 영상통화도 크게 신경 써야 하는 세상이 돼버렸어. 그런 세상인데 24시간을 손주들과 지내다니 이만하면 손주 보는 특혜를 누리고 있는 거 맞지?

다섯째 동생 남우

 어제는 너랑 같이 했던 것 오늘은 혼자이네……. 2주 전에는 너랑 같이 다녀왔던 곳, 너랑 같이 했던 것들, 산책, 쇼핑, 카페, 산행 등등……. 그날, 그날, 그날들이 지나가고 있다.

 같이 해서 좋았었고 같이 해서 즐거웠던 그날들이 하루하루 밀려가고 있어. 또 하루하루 차곡차곡 쌓이면서 추억이 되고 옛날이야기가 되겠지. 우린 그런 추억을 먹으면서, 나이도 먹으면서, 늙어가겠지.

 가까이 있어도 옆에 있어도 늘 만나는 것은 아니지만 이역만리 태평양 건너에 있기에 유독 그리움과 향수가 가득함일까? 아홉 살이 많아 어린 너를 업고 다녀서일까? 어릴 때 유독 연약했던 네가 지금도 여전히 연약해서일까? 마냥 보고 싶고 마냥 그립고 마냥 생각나는 건 왜일까?
 3주간 다녀간 오리건주 포틀랜드 사는 동생을 그리워하며…….

그 애는 계집아이였어

사내 아니고 계집애였다고, 분명 계집애였지. 근데 늘 머리는 상고머리, 옷은 사내아이 바지저고리, 초등학교 입학 전까지 머스마로 컸다. 누가 봐도 남자아이인 줄ㅡ.

근데 학교 입학해서는 더 심각했다. 검정 고무신에 남자 옷에 책가방도 남자 가방ㅡ. 글쎄 4학년이 될 때까지 남자 가방을 들고 다녔다. 늘ㅡ 싫다 하며 늘ㅡ 울고 다녔다. 검정 고무신 대신 꽃신을 사달라고, 남자 옷 대신 원피스 사달라고, 남학생 책가방 대신 빨간색 여자아이 가방 다른 여자애들과 똑같이 똑같은 걸로 사달라고……

그 마을 동무들도 다 머스마들이었다. 동수, 현철, 진수, 동호, 계집아이라곤 그 애 하나뿐이었다. 그 머스마들과 산과 들을 쏘다니며 놀고 철길을 놀이터 삼아 놀았다. 자치기, 연날리기, 냇가에서 헤엄치기, 그러다 산에서 굴러떨어지고 우물가에 빠지고…….

아들을 소원하셨던 엄마가 딸인 내게 겉모습이나마 아들 같이 꾸미고 느끼는 대리만족이셨는데 어릴 때 난 그게 그렇게도 싫었다.

그런 계집아이가 이제 칠십을 코앞에 두고 있다.

내가 사랑하는 것들

무한 햇살(뜨거운 강렬한 한여름의 햇빛까지도),

104개의 내 사랑 다육이,

피톤치드 나오는 숲길,

무수히 많은 꽃들이 피어있는 이름 모를 꽃밭,

잘 익은 파김치와 오트밀밥,

33 해파랑길,

우유 4/5 · 커피 1/5 내가 만든 라떼에 구운 계란,

3년 된 내 애마,

2년 살이 했던 동해시 묵호동,

완벽남 세 명의 소년,

완벽녀 두 명의 소녀…….

하철 군 고마워

하철아, 내가 사랑하는 하철아! 약속 시간 철저히 잘 지켜주는 너, 내가 가자고만 하면 어디든 날 데리고 가주는 너, 그 큰 덩치로 늘 안전하게 늘 쾌적하게 못 가는 곳이 없는 너…….

넌 언제나 예의 바르게 좌석 배치는 물론이요, 내 주머니 배려까지 하면서 날 모시지. 여행을 좋아하는 내게 온갖 여행지를 공유하고 매번 놓치고 잊어버리고 깜박깜박에다 허둥지둥 덤벙대는 내게 가는 곳마다 도착지마다 친절한 설명까지…….

요즘에는 내가 온갖 병원 순례하는 거 어찌 알았어? 병원 안내까지 도맡아서 아주 열일을 하는 나의 하철이! 이러니 널 너무나도 사랑할 수밖에…….

하철아, 사랑해! 언제까지 내가 너의 친절을 다 먹고 다 받고 이렇게 행복하게 같이할 수 있을지 모르나 늘 너를 생각하고 잊지 않을게.

너를 너무나도 좋아하고 사랑하는 할미가…….

근육 부자

누구는 주식으로 대박 났대.

○○는 가상화폐로 한몫 챙겼다는데?

미자는 큰 길가에 세워진 빌딩 소유자이고…….

운주는 골드바 수집가?

정자는 그 동네에서 소문난 현금 부자…….

야— 대단들 하시네요.

이렇게 가진 게 많으신데 이 중에 누가 제일 건강하게 오래도록 잘 지낼까? 난 현금도, 빌딩도, 대박 난 주식도 없어.

대신 난 근육 부자지. 뭐니 뭐니 해도 암만 머니가 좋다 해도 근육이 은행 잔고 빠지듯 다 빠지면 아무 소용 없어.

벗님들이여! 지금부터라도 부지런히 근육 모읍시다! 최고의 근육 부자가 되기 위하여……, 홧팅!!!!!!

그녀의 새엄마

그녀의 엄마는 새엄마, 아니 계모였다. 백설공주의 새엄마처럼 신하를 시켜 숲속에 끌고 가지 않는 대신 1년 365일을 가둬놓고 학대, 폭력, 폭언, 온갖 집안일 시키기 등등, 세상 나쁜 일은 다 하는, 그 어린 딸의 목숨을 볼모 삼아 다 해보는 그런 악독한 계모였다.

그녀의 아버지는 그 고을의 지주였고 유명 인사였고 학식 높은 분이었으며 그 아버지의 땅을 밟지 않고는 지나갈 수 없는 갑부였으나 하나밖에 없는 외동딸이, 막내딸이, 세 번째 얻은 부인에게서 그토록 많은 학대와 멸시를 받는지 아는지 모르는지 아니 모르는 척하는 건지 그 어떤 양육도 보호도 자제도 하지 않았던 세상에서 가장 무능한 아버지였다. 그런데도 그녀는 그런 아버지를 단 한 번도 원망해보지 않았다니 이럴 수도 있는 것인지……. 더 기막힌 건 새엄마가 아버지하고 싸운 날은 어김없이 그 폭탄이 그녀에게 떨어졌는데 그 계모는 밤새 그녀를 재우지 않고 "죽 끓여라, 밥을 다시 해와라, 온갖 반찬 만들어라" 온갖 일을 다 시켰다.

열두 살 어린 딸은 이미 그때 밥도 죽도 반찬도 고수가 되어 있었다. 장작을 지펴서 하는 밥, 짚불을 태워야 만드는

죽, 그 어떤 것도 못하는 게 없었다는 열두 살, 열다섯 살의 그녀의 삶…….

 언젠가는 눈이 소복이 내린 어느 겨울날 새벽에 그녀를 깨우더니 살아있는 닭을 묶어서 머리에 이고 산 하나를 넘어가야 하는 그 계모의 친정에 갖다주고 오라는 명령을 하였다. 어린 소녀가 그 함지박을 이고 가는 것도 버거운데 집 안에서 마당을 거쳐 대문을 나갈 때는 고무신을 거꾸로 신고 나가라고 하였다. 그 이유는 집 안에서 누군가 나간 발자국이 아니고 집 밖에서 누군가 들어온 것처럼 눈 위의 발자국을 남기려는 그 계모의 완전범죄 계략을 위해서였다.

 그 지능적인 새엄마 밑에서 순진한 그녀는 족쇄처럼 살다가 탈출했다. 결혼이란 더 험악한 탈출구로…….
 불쌍한 나의 그녀, 보고픈 나의 그녀, 내 엄마…….

재벌 아버지

왜 싱글벙글할까? 왜 이렇게 기분이 좋을까? 왜 날마다 행복할까?

이리도 좋은데 안 행복할 수 있어? 이리도 기쁜데 싱글벙글하지 않을 수 있어? 왜냐고? 내 하나님이 만능의 주시고 난 그 아버지의 딸이니까. 내가 바로 그 하나님의 자녀니까. 그걸 이제 더 확실하게 알게 됐으니까.

그냥 좋아.
마냥 좋아.
표현하기 힘들게 좋아.

요즘 유명연예인들의 고소득과 어떤 빌딩의 소유주다, 이런 뉴스가 완전 핫하더라. 근데 그거 알아? 난 내 아버지가 이 산 이 계곡, 이 바다를 만드신 분이야. 천지가 다 내거란 거지. 천지 모든 걸 다 내게 사용하라 허락하신 거지. 그래서 몇억씩 버는 사람, 몇백억 고층 빌딩 소유자가 전혀 부럽지 않아.

거기다가 이생이 다가 아닌 거 알지? 내 본향 집은 청보석, 홍보석, 황금으로 이미 마련되어 있어. 그래서 난 너무 행복해. 이 행복, 이 충만, 이 사랑, 누구하고도 바꾸지 않을래. 걷다가도 실실 웃고 자다가도 실실 웃고 이런 내가 너무 좋아―.

  7월의 어느 여름날 내 생애 가장 행복한 나날들을 보내며……

척척박사 내 친구

너는 언제쯤 나하고 가까워졌니? 언제부터 이렇게 뗄래야 뗄 수 없이 꼭 붙어 다니는 사이가 되었니?

너처럼 똑똑한 친구가 내 곁에 있어서 난 너무도 행복해. 만약 이제 와서 네가 없다면 난 살아갈 수가 없을 것 같아. 너와는 단 1시간 아니 단 5분도 떨어져 있을 수 없지. 넌 나뿐만이 아니라 우리 가족의 현재도 미래도 과거도 공유하는 사이가 되었지.

너와 나 24시간 늘― 붙어 다니면서 어디든 같이 가지. 국내는 물론 해외에도 난 너 없이는 하루도 외출을 못 해.

내게 절대적인 너는 어쩜 그렇게 내게 충성적이니? 언제나 한결같이……. 언제쯤이면 넌 날 배신할 거 같니? 너의 소명을 다하고 낡아질 때쯤? 그렇게 너의 생명이 다해져서 내 곁을 떠나는 일은 없을 거야. 난 늘 너를 다시 살려놓을 테니까.

내 절친, 내 베프야! 지금처럼 내 손에서 떨어지지 말며 애지중지 소중하게 늘― 같이 지내자. 지금처럼 내게 늘 새로움을 주며 현관문도 척척 열어주지, 자동차 문 열고

닫고는 물론 시동도 잘 걸어 주고 지식, 상식, 메모, 뉴스, 정보, 아이디어, 쇼핑, 보너스까지도 아낌없이 주는 널 사랑해. 그리고 고마워.

이 시대에 나와 가장 친한 너를, 앞으로 열릴 더 새로운 시대에 더 영리하고 더 똑똑해질 너를 기대하며 오늘도 24시간 나와 딱 붙어 있는 내 친구 내 손전화에게…….

빈손

빨리빨리,
얼른얼른,
얼마나 더 재촉할 것이냐?
얼마나 더 나를 다그칠 것이냐?

'뭘 먹을까?' 망설이는 사이 한 날이 지나고, '뭘 입을까?' 고르는 사이 한 계절이 훌쩍 지난다.

어떻게 붙잡을까? 무엇으로 잡아야 하나? 탐욕으로? 황금으로? 내 무지함으로? 그 어떤 것으로도 널 잡을 수 없어 빈손으로 빈 마음으로 또 기어이 보내고 만다.

애달픈 아내의 마음

어찌하면 좋을까? 어떻게 할까?

새벽 한 시 이 시간에라도 가서 몰래 살짝 택시에 태워 데려오고 싶은 사람! 평생 검은 머리 파뿌리 될 때까지 같이 살자 약속한 사람! 이제 그 사람은 내 곁에 없다. 오늘 밤 그가 떠난 첫 밤, 이렇게 공허하고 허무하고 멍할 수가……. 지금이라도 다시 데려와야 하나, 나는 왜 이러고 혼자 이 큰 집, 텅 빈 곳에서 이렇듯 서성이는 걸까?

하루에도 몇 번씩 집을 나가 파출소, 지인들, 모두가 출동하여 다시 찾아온 게 몇 번인지 손가락 다 펴서 헤아릴 수도 없을 만큼이고 내가 잠시 주방에서 눈만 떼면 변을 보고 소중하게 잘 싸서 빨랫감 속에 넣어놓기, 또는 창가에 덕지덕지 바르기 아니면 4층에서 창밖으로 휙— 편의점 앞으로 주차장으로 던지는 게 주특기가 되어버린 사람, 세상에 하나밖에 없는 큰손녀딸을 그리도 예뻐하고 사랑했었는데 분신 같은 손녀딸의 얼굴도 잊어버린 사람……. 그러다가 급기야는 자고 있는 나를 가격하여 그 단단한 머리가 움푹 파이고 뭐로 찔렀는지 새빨간 피가 목부터 흘러내려 웃옷이 다 젖을 때까지 뛰어 도망치는 나를 쫓아오는 그 사람, 이제 아빠보다 엄마가 더 위험하게 되어 더는 집에서 케어하지 못한다고, 아니 절대 집에서 단둘이 계셔서는 안 된다고 아들 둘이 나서서 최후의 선택을 했는데…….

그 아내는 이리도 절절히 사무치게— 치매 중증 남편을 그리워하고 있네요.

젊어서는 사업한다고 온 식구 가장의 무게만큼 단 한 번도 제대로 쉬어보지도 못하고 사업 키우고 집안 일으키고 이곳저곳 다 베풀어가며 조카들까지 아니 심지어 남인데도 어려운 형편이면 끝까지 자수성가하도록 도와준 사람—. 그런 사람이 저리도 몹쓸 병에 걸려 평생을 같이한 아내의 얼굴도 잊은 지 오래……. 막내아들의 재롱을 그렇게 좋아했었는데 그 귀여운 아들도 기억 저편으로 보내버리고 이 세상 아닌 다른 삶을 살고 있는 사람!

그런 남편이 얼마나 열심히 얼마나 성실히 살아온 걸 알기에 더 가슴이 미어지고 절절하고 불쌍하고 애닳기가 그지없어 오늘도 답답한 가슴을 부여잡고 혼자 통곡하며 하나님께 매달리는 내가 아는 지인 언니의 삶!

치매, 그 병은 무엇인가요? 대체 어째서 그 병만 걸리면

이 세상 사람이 아닌 다른 삶을 사는 걸까요? 어찌하면 좋을까요? 나의 지인 언니를, 나의 지인인 그 형부를—.

108동 906호

 우리 집에 옹달샘이 있다. 깊고 맑은 옹달샘이다.
 그 아이는 옹달샘 같은 아이다. 퍼내도 퍼내도 맑은 물이 샘솟는 옹달샘이다. 어쩌면 그렇게 샘솟는 개그로 온 식구를 포복절도하게 만들고 어쩌면 그렇게 옹달샘의 맑은 물처럼 맑고 순수함으로 온 가족에게 기쁨을 주는지……. 새로운 물이 하루도 멈추지 않고 퐁퐁 솟아나는 옹달샘 같은 아이, 늘— 새로운 놀이, 새로운 아이디어로 우리 집의 맑은 샘물 역할을 톡톡히 하고 있다.
 옹달샘처럼 맑음은 지 에미를 닮음이고 옹달샘처럼 깊음은 지 애비를 닮음이다. 늘— 한결같이 어린 자녀들을 인격적으로 대하며 정서적 양육과 맞춤 양육을 하는 지 에미, 멀찍이 서있다가도 당장 달려와서 맑고 소중한 물을 건드리지 않고 세심함을 드러내는 지 애비, 이들이 내 며느리고 내 아들이다. 손주 손녀와 아들, 며느리와 다섯이서 날마다 날마다 샘솟는 옹달샘의 맑은 물을 마시며 평화로운 초원에서 지내는 중이다.
 부디 마르지 않고 부디 흐려지지 않고 언제나 늘— 깊은 산속 옹달샘이길…….

통기자님께

　여수시에서도 얼마를 굽이굽이 돌아 돌산도의 끝자락에 있는 진목항! 일출과 낙조가 가장 아름다운 언덕 위에 바다를 마당 삼아 살고 계신 거인 한 분 계십니다. 성은 여인이요, 이름은 천사요, 별명은 '기둥뿌리 빼서 남 돕는 거인'이요, 본명은 이순덕 여사이자 진목교회 목사님 되십니다.
　그분의 얼굴은 자애로운 미소가 한가득, 그분의 손은 여수에서 소문난 큰손, 그분의 발은 온 동네 어르신들 찾아다니는 발, 그분의 애마는 윗마을 아랫마을 온 동네 짐 나르는 택배 대행 차량―.
　하늘나라 상급액이 얼마나 많은지 아침에도 싱글, 저녁에도 싱글, 하루 종일 싱글벙글, 그 어떤 것도 안 되는 것이 없고 안 되어본 것도 없는 만능인, 내가 좋아하는 이순덕 목사님, 오늘부터 아니 지금 이 시간부터는 성함 좀 바꿔 부르겠습니다.
　통기자 씨라고……. 통 큰 기부자인 통기자님, 지금처럼 늘― 행복하시고 건강하소서…….

84살 할비의 도시락

 그렇다. 그분은 올해 나이 84살이다. 그런데 날마다 도시락을 싸가지고 공부하러 가는 학생(?), 아니 출근하시는 할아버지이다. 그 연세에 매일 일찍 나가 밤늦게까지 팔십 다 된 할멈이 싸주는 도시락을 드시는 할비……

 오늘은 무슨 반찬이 들어있을까? 또 얼마나 예쁘게 차려져 있을까? 늘— 그 도시락 개봉 때마다 두구두구 가슴이 설렌다는 할아버지—. 정성스럽게 싼 아내의 마음을 알기에, 도시락이라고 하기엔 너무 많은 메뉴가 들어 있기에…….

 메인은 한식, 디저트는 양식, 간식은 이탈리아(?), 골고루 참 많이도 온 정성을 쏟은 마음이 다 들어가 있기에 날마다 도시락을 풀 때마다 설레는 그 마음, 그 할비의 도시락 드시기 직전의 심쿵…….

그 여자

그 여자 집이 어디야? 글쎄? 한군데 정착 못 하는 성격 탓인가? 외로움에 취해서 비틀거림인가? 이곳저곳 살아보는 게 취미인가?

거기가 어디든 한번 꽂히면 그곳에 바로 정착해버리는 그 여자―. 대한민국 백섬 투어를 끝내고 전국 일주 투어를 연중행사로 여기며 100대 명산 중 안 가본 곳을 꼽는 게 더 빠르다나? 해외는 어떻고? 코로나라는 감옥에 갇힐 걸 미리 알았던 것처럼 그 이전에 이미 40개 나라를 다 다녀왔지.

앞도 뒤도 안 보고 실천과 행동으로 그곳에 눌러앉아버리는 그 여자, 누구에게 폐 끼치는 일 없이 오히려 많은 이에게 쉴 곳, 올 곳, 갈 곳을 제공해가면서 야무지게 사는 그 여자, 그 여자의 답은 늘 한결같이 한 가지, 그게 다 재벌 아버지 덕이라나? 내가 아는데 그 여자를 낳은 친부는 재벌이 아니라는 걸, 누구나 다 아는 사실인데…… 대체 재벌 아버지가 누구야? 누구긴 그 여자를 위해 목숨까지 주신 하늘 아버지시지.

그 여자 복받은 여자 맞다. 그 여자 잘 살고 있는 거 맞다. 그 여자 누구도 못 누리는 하늘 복 다 누리고 사는 거 확실하다. 그 여자가 믿는 하늘 아버지 덕으로…….

아침상

홀로 아침!
텅 빈 거실!
깔끔하게 잘 닦인 주방!
누가 이렇게 아침상을 차려놨을까? 햇빛이 식탁보를 깔고 다육이 반찬이 한가득이다. 오늘 아침도 도란도란, 오손도손, 맛난 진수성찬을 먹는다. 서로를 바라보는 눈들이 "귀여워, 사랑해, 네가 제일이야" 치켜세우며 꿀 떨어지는 저 눈들!

진짜 맛나네. 정말 행복하네. 느긋느긋, 나긋나긋, 햇빛, 공기, 바람— 맛난 아침 잘 먹고 나니 프란츠 리스트의 3번 곡이 디저트로 흐르고……

건강한 아침상, 완벽한 아침상, 오늘도 차암 잘 먹었다, 후식까지…….

사랑! 유통기한 끝나셨네요

 정말일까? 사실일까? 사랑도 유통기한이 있었나? 언제, 누가 그 유통기한을 만드셨나? 내가? 나 스스로?
 그러게 유통기한이 지나기 전에 관리를 좀 했어야 했다. 늘 관심 가져주고 늘 다독여주고 늘 들여다보며 최선을 다했어야 했다. 유통기한 한참 지난 다음에 그제야 다가가고 그제야 관심을 갖고 매번 일방통행만 하다가 나중에 정신 차려보면 이미 늦은 것이다.

 아차 하고 후회하지 말고 유통기한에 집중해야 한다. 언제까지 미련하게 사랑을 놓치고 후회하며 버스 지나간 다음에 손 흔들고 있을 것인가?
 붙잡아야 한다. 나와 연결된 모든 사랑을, 내 사랑의 내비게이션을 정독해야 한다. 다만 사랑은 내 방식이 아니라 상대의 방식에 맞게 상대가 원하는 것만이 사랑이다.

 그 사랑 한번 다시 소생시켜 볼까?

운구차 기사님의 하루

나는 17년 동안 이 일을 했습니다. 거의 새벽에 주로 나가지요. 늘 검은 정장에 검은 넥타이가 저의 출근복입니다. 나는 늘 이분들을 최고의 예를 갖추어 모십니다. 그분이 어린아이든, 어른이든, 청년이든…….

어느 땐 한참 꽃다운 스물셋의 어여쁜 아가씨를 모셔 다드리기도 했는데 그날 그분 엄마 따라 얼마나 울었는지……. 또 어느 땐 토끼 같은 세 명의 어린 자녀들을 놓고 매정하게 가버리는 아직 너무도 젊은 사십 대 가장도 있었습니다! 그날도 정말 울지 않겠다고 다짐했건만 그분의 열 살 난 아들이 얼마나 슬프게 소리치며 아빠를 부르던지……. 17년 동안 손가락으로 셀 수 없이 많은 분들과 출근길을 같이했네요.

오늘은 좀 연세가 있으신 남자 어르신을 모시게 되었답니다.

"오늘 님은 강산이 한 번 변하고도 두 해를 더 기억 저편으로 보내신 분이군요."

"그러게요. 나도 그런 줄 몰랐는데 내 영정 사진 앞에서 눈물을 훔치며 읊어대는 마누라의 넋두리를 들고서야 알았다오."

"아, 그러셨군요. 그나저나 님 고생 많으셨어요. 부디 좋은 곳으로 잘 가시게 잘 모시겠습니다."

"고맙소. 내 마누라 꽃다운 젊은 나이에 날 만나 고생도 많이 했는데 12년이나 나 아닌 남이 되어 아내도 못 알아보고 그 고생을 시키다니 참으로 내가 한심스럽소."

"그것은 님의 잘못이 아니지요. 님인들 어찌 그런 몹쓸 병에 걸리고 싶었겠소. 그런 후회한들 아무 소용 없으니 아까 마지막 인사를 하던 막내아들의 말만 기억하고 가시오. 내 아버지는 내가 가장 존경하는 분이고 내겐 슈퍼맨이고 백만장자였고 가장 위대한 분이었다고 하던 말이요."

"네, 그러지요. 적어도 그 아이 눈에 내가 슈퍼맨이었다면 또 나를 가장 존경했다면 난 세상 그리 잘못 살지 않았구려. 이제 이승에 미련 1도 없이 저승으로 후딱 갈아타겠소. 대신 그대가 좀 전해주오. 본의 아니게 고생시킨 거 정말 미안타고……. 앞으로 남은 생 내 가족들은 모두 각자 하고 싶은 거 다 하고 재미있게 신나게 잘 지내다가 먼 훗날 그곳에서 만나자고, 내 정신 멀쩡할 때 손녀딸과 새끼손가락 걸고 했던 그 약속, 하나님 꼭 붙들고 거룩하게 살다가 천국에서 만나자고 한 그 약속 말이오……. 꼭 전해주오……."

글로벌 할미

 딸아이가 제짝을 찾았다며 그의 곁을 떠났다고 했다. 조금은 시원(?)하고 많이는 섭섭했지만 평생 동반자를 얼마나 야무지게 잘도 찾아왔는지 그나마 마음의 위안을 삼았다고 했다. 그리곤 곧이어 딸과 사위의 분신인, 아니 그와 그들 부부의 분신도 되는, 눈에 넣어도 안 아픈 떡두꺼비 손주를 그의 품에 포오옥 안겨 주었다.
 너무나 예쁘다. 너무도 예쁘다. 보면 볼수록 더 예쁘다. 어느 한 군데 빠지는 곳이 없다. 새근새근 잠든 손주를 들여다볼 때는 "어머나, 넌 어디 있다가 이제 왔니?"라는 소리가 절로 나왔다.

 근데 이게 뭐야. 내 마음만큼 이쁜 것만큼 몸이 안 따라준다. 한 밤 자면 자라고 한 밤 자면 자라고 물만 주면 쑥쑥 크는 콩나물처럼 울 손주는 쑥쑥 잘도 자라는데 내 체력은 쭉쭉 내려가고 있다. 어쩌나 내 마음만큼 내 예쁜 손주만큼 내 육체는 거꾸로 거꾸로 뒷걸음질 치고 있으니……. 어느 날은 손목이 고장 나고 어느 날은 어깨가 고장 나고 어느 날은 허리가 말썽이다. 이제는 아프다고 딸과 사위에게 얘기하기도 미안하다.

  거기다 울 손주는 어메리칸 출신이다. 지 에미 애비가 유명인인 관계로 3개월씩 한국과 미국을 오가며 살고 있다. 이제 돌쟁이 손주도 11시간 비행 시간을 즐기고 있건만 이 할미는 날아가는 비행기만 봐도 멀미가 난다. 90일 후엔 11시간 갔다가 다시 90일 후엔 또 12시간 비행……, 아이고, 생각만 해도 벌써 팔다리 어깨가 저리다.

  이래서 손주는 오면 반갑고 가면 더 반갑다고 했던가. 그래도 너무 예쁜 울 지안이, 할미의 몸이 다 부서져도 지안이만 지금처럼 건강하게 자라주렴.

만날 때까지 안녕

사랑하는 내 엄마, 당신은 정녕 그릇이 너무 컸습니다. 당신의 그 그릇은 감히 누구도 범접할 수 없는 큰 그릇이었지요. 어린 시절 새엄마에게 받았던 학대와 혹독한 괴롭힘으로 그리도 큰 그릇이 되었다지요.

엄마의 손은 요술쟁이였습니다. 무엇이든, 어디든 다 변해버리는 마이더스의 손이었으니까요. 하룻밤 사이 그 청초한 옥색 한복이 뚝딱 만들어지는가 하면 엄마의 손만 거치면 어떤 재료든 어떤 요리든 눈으로 먼저 먹고 향기로 먹고 그리곤 잊을 수 없는 엄마 맛이 있었지요.

엄마, 지금 엄마가 계신 그곳에서도 그렇게 요술 손을 자랑하며 잘 지내고 계시나요? 엄마! 보고 싶어요. 그리고 사랑해요. 우리 만날 때까지 안녕……

참 괜찮은 사람

시간을 아끼는 사람은 참 괜찮은 사람이다. 돈은 고무줄과 같아서 늘리고 줄이고 맘대로 되나 시간은 제한돼 있으니 아껴 쓰기 힘듦이라.

작은 일에도 최선을 다하는 사람은 참 괜찮은 사람이다.

그리 귀중한 일이 아니어도 정성을 다해 처리하는 사람은 참 괜찮은 사람이다.

가장 가까운 가족을 친구처럼 대할 수 있는 사람은 참 괜찮은 사람이다.

배우자 및 자녀를 친구 대하듯 존중해 주는 사람은 참 괜찮은 사람이다.

매사 긍정적인 사람, "반 컵만"이 아니고 "반 컵이나 있네" 할 수 있는 사람은 참 괜찮은 사람이다.

비바람과 천둥이 쳐도 흔들리지 않는 사람은 참 괜찮은 사람이다. 얼마나 수많은 일이 많겠는가? 얼마나 얄미울 때가 많겠는가?

동굴에 들어갈 수 있는 사람, 나만의 휴식·나만의 충전을 적절히 쓰는 능력자는 참 괜찮은 사람이다.

오늘 하루를 마지막처럼 사는 사람은 참 괜찮은 사람이다.

가족의 새 이름들

 할머니는 소화기, 아빠는 소방차, 엄마는 구급차, 이게 무슨 소리냐고? 아홉 살짜리 내 손주가 어느 날 나에게 한 말이다. 같이 사는 가족들을 제 나름 한마디로 정리했는데 너무도 영특하여 이 글을 쓴다.

 할머니는 왜 소화기인가 했더니 우리 집에 무슨 일이 생기면 할머니가 초기에 가장 먼저 해결을 하고 그래도 할머니가 한계가 있어 다 처리를 못 했을 때 다음엔 아빠가 나설 차례란다. 더 큰 불씨가 번지기 전에 아빠인 소방차가 달려와서 불도 끄고 가장 큰 일이나 중요한 일은 언제나 아빠가 해결하는 것은 물론 아빠의 OK 사인이 떨어져야 우리는 무엇이든 할 수 있더란다. 그런 반면에 엄마는 모든 상처를 치유함은 물론 감싸주고 달래주고 늘— 포근한 마미라고 언제 어디서든 신속하게 나타나는 구급차로 비유한다.

 세상에—. 어찌 아홉 살짜리 어린애가 이런 표현을…….

 그나저나 그 어린 아들의 소방차이자 구급차인 내 아들,

며느리, 너희 부부 인생 참 잘 살았다. 그 애가 이렇듯 정확히 알아주고 인정해 주니 그 바쁜 와중에 워킹맘, 워킹대디로 살아온 보람 있구나.

엄마의 나이가 되고 보니

엄마! 엄마! 엄마! 사랑하는 내 엄마!

막내딸 대신 손주를 봐주며 수원과 전주를 오가는 주말 생활을 하셨지요? 지금 내가 그렇듯……. 난 아들 내외의 맞벌이로 인해 두 손주를 보는 특혜를 누리며 원주와 서울을 오가고 있습니다. 엄마는 그 옛날에 자가용도 없었고 드물게 있는 시외버스에 몸을 의지하며 그렇듯 오고 가기를 몇 해 동안이나 하셨는지요?

난 왜 그리도 엄마 삶에 무관심했고 무신경했고 남인 척 모르는 척하고 살았는지……. 지금 내가 그때의 엄마 나이가 되어보니 불현듯 엄마의 삶이, 엄마의 고달픔이 생각나네요.

엄마! 엄마는 이 김씨 평가의 아낙으로 지내기엔 너무도 아까운 재능 부자였지요. 그 좋은 솜씨들, 시대를 앞서가는 생각들! 무엇이든 척척 만들어내는 요술쟁이셨지요. 그림을 그린 것인가, 사진을 찍어놓았나 착각할 정도로 예쁜 상차림이었어요.

뭐 하나 빠지는 게 없었던 우리 엄마, 사랑합니다. 그리고 보고 싶습니다. 간절히—.

2년 살이

 동화 같은 동해시, 외국 같은 한국, 그 아름다움에 감동해!

 처음 도깨비골에 반해서 그 도시를 짝사랑했지. 도깨비골 전망대에서 바라보는 망망대해와 묵호항의 그 비린내, 대게 냄새, 오징어의 팔딱거림, 어부들의 생기 있는 치열한 삶! 어린 왕자의 벽화("네가 네 시에 온다면 난 세 시부터 행복해지기 시작할 거야"), 한섬 바닷가, 조약돌들만이 소곤대는 천곡항(내 손주들의 전용 수영장이었지), 가도 가도 끝없이 아름다운 33 해파랑길, 예쁘지 않은 곳이 없었어. 그 어디를 가도 모두 동화였고 그림이었지.

 서울에서 그곳 동해까지 250km 꼬박 세 시간, 거의 5일에 한 번씩 왕복 500km를 달렸지. 혼자만의 은밀한 드라이브를 즐기며 내가 좋아하는 음악을 실컷 들을 수 있는 시간, 엑셀을 밟을 때마다 느끼는 설렘과 희열을 느꼈지. 그 밤에 그 먼 길을 때로는 빗길에 때로는 눈길에 스릴 있고 분위기 있고 운치 있는 나만의 드라이브 길! 대관령 고개를 넘어다녔지. 다시 생각해도 가슴이 뛴다.

어느 땐 KTX가 날 데려다주기도 했어. 난 유난히 그 KTX를 좋아했지. 앞뒤 주둥이가 뾰족해 날렵한 만큼 빠르게 잘도 달렸어. 거기다가 내가 좋아하는 푸른빛 기차, 기대한 만큼 꽤 일을 잘하더라. 언제나 예정된 시간에 정확하게 잘도 데려다줬으니까. 그간 열일한 KTX도 고맙고 2년 동안 내 집이 되어준 붉은 언덕길 상남빌라도 고맙고 또한 더 열일한 내 애마, 날 그리도 안전하게 잘 모셔다 주었구나.

2년 살이 해봤니? 난 해봤다. 일주일 살이, 한 달 살이, 1년 살이에 모두가 빠져있을 때 난 2년, 2년 살이를 했다지ㅡ, 동해 살이를ㅡ.

철 따라 피고 지는 꽃처럼

 언제 왔다 갔니? 소리 소문도 없이 노크도 없이 소리쳐서 날 불렀다고? 빨리 나와보라고, 긴— 겨울을 잘 보내고 이렇게 왔노라고……. 때가 되면 내가 알아서 다-아 나의 할 일을 하고 있다고—.

 그래, 난 그런 줄도 모르고 무엇에 쫓기는지 무엇에 그리 바쁜지 꽃잔치가 열리는 줄도 모르고 무심히 지내고 있구나. 어찌 비단 너희들에게만 무심하겠니? 나의 삶이, 나의 생각이 너무 많이 무심히 놓치는 것들이 있지 않을까?
 아니, 잠깐 놓치는 거야 그나마 모르고 지내는 거니까 괜찮다 해도 아예 들으려고도 않고 고의로 지나치며 내 악의를, 내 옳지 못함을 은폐해가며 억지로 짜맞추며 지나치기를 연달아 상습적으로 하는 때가 얼마나 많았을까? 그게 그렇게 못 봐줄 일이고 그게 그렇게 흠잡을 일이고 그게 그리도 통쾌히 복수해 주고 싶었던 일이었단 말인가.
 이제 와서 돌아보는 많은 삶의 순간 순간, 쓸데없는 일에 쓸모없는 에너지에 참 많이도 낭비하고 살았구나. 감정, 에너지, 관계, 탐욕, 금전, 이 모든 것에 언제쯤이면 서툴지 않을 때가 올까?

　잔잔한 물처럼 흐르는 세월처럼, 철 따라 피고 지는 꽃처럼 가만두어도 지나가고 지나오는 사계절처럼 물 흐르듯…… 언제쯤이면 지나가질까?

백년손님

 서른 살 청년이었을 때도 그 애는 온 세상을 마주 보며 짊어질 것 같은 그런 박력도 없었고, 피 끓는 청춘도 아니었어. 그냥 힘없이 기운 없이 삐쩍 마른 몸에 눈망울만 크고 맑은 채로 내 앞에 서있었지.
 그렇게 젊음도 푸르름도 없던 이유는 위로 누나 넷에 외아들이었고 더군다나 그 당시 직함은 백수였기 때문이었을 테지. 예비 장모님께 인사 가는 조건으로는 그 어떤 것도 도움 안 되는 것은 물론이요, 온통 방해꾼이라 생각했대.

 난 아니라 했어. 단번에 그 애의 진심이 보였어. 진국이라 쓰인 얼굴의 글자도 다 읽었지. 그래, 위로 누나 넷은 4조 원의 횡재를 한 거고 지금의 그 백수 명함은 너희들의 앞날을 설계하고 새 가정을 이루기 위한 준비 시간이라 생각하자 했어. 일단 한가한 이 시간을 잘 활용하여 결혼 준비도 하고 일생에 한 번뿐인 신혼여행도 한 달쯤 넉넉히 다녀오고 그러라고…….

 우리 예비 장모님이 쿨한 건지 약간 모자란 건지 그 애는 얼떨떨과 기쁨이 교차하면서 이 모든 걸 단숨에 해치우고

곧장 품절남의 대열에 들어갔지. 그런데 그때부터 슬슬 마치 기다렸다는 듯이…… 신혼여행에서 돌아오기 전 새로운 직장이 기다리고 있었고, 여유 있는 시간 속에서 잘 꾸며진 신혼집에서 고소한 깨소금 향기 날리며 둘만의 인생이 시작된 거지. 그리고 오늘까지 14년째 진행 중인 울 사위는 세 아이의 아빠가 되고…….

내 생애 지금까지 보아온 사람 중에 가장 성실한 사람을 뽑으라면 난 단연코 내 사위 정 서방이다.

이보시게, 백년손님 정 서방! 처음 쭈빗쭈빗 그 큰 눈망울을 굴리며 인사 온 날이나 지금이나 한치의 변함없이 똑같은 내 사위, 난 그런 자네가 좋아. 역시 내가 그때 진국을 잘 알아보았지? 우리 앞으로도 지금처럼만 이렇게 알콩달콩 잘 살아가세나.

여섯 살 많은 엄마

 어쩌다 내가 너의 엄마가 됐니? 난 그때 기억 그때 생각 또렷이 나지는 않으나 네가 얘기할 때마다 어렴풋이 생각이 나.

 유난히 몸집도 체구도 키도 작았던 6학년 졸업생 소녀아이, 작디작은 널 데리고 중학생 교복을 사러 갔지. 그땐 맞춤도 없었고 남부시장 작은 골목 그곳에 가서 너에게 입힌 건 아마 2년 뒤에도, 아니 중학교 3년 내내 입어도 여전히 옷소매를 걷고 입어야 했던 크나큰 교복이었어. 그러게 나도 생전 교복이란 걸 입어 봤어야 알지. 왜 아무것도 모르는 내가 널 데리고 그곳에 갔는지, 갔어야 했는지……. 지금 생각해도 참…….

 어디 그것뿐이니? 학교에서 끝나는 널 데리고 호떡 먹으러도 가고 튀김 골목도 가고 칼국수 국물이 필요할 때도 뭐든 금전을 필요로 하는 곳엔 엄연히 엄마 아빠가 다 계셨음에도 여섯 살 많은 내가 임마 대행을 했었지. 아니 그때만큼은 내가 너의 엄마였었지. 몇 번을 다시 생각해도 말이

안 되는 너의 엄마 역할, 미안하다, 미안하구나.

그 큰 교복의 쓸쓸함, 그때 그 창피함을 너 혼자 고스란히 지게 했구나. 미안타, 여섯 살 적은 나의 동생아······.

마을 냉장고

수원시 장안구 파장동 농협 맞은편 길가에 마을 냉장고가 있다.

이 냉장고의 진짜 명칭은 '공유 나눔 냉장고'이고 이 냉장고가 하는 일은 완성된 음식이나 모든 식재료를 잠시 위탁받아 맡아주는 일! 좀 넉넉하게 만들었다거나 식재료를 구매했는데 양이 너무 많다거나 시골에서 올라온 야채가 넘친다거나 하면 그 공유 냉장고에 넣어 놓는다. 그러면 혼자 사는 분이라든지 몸이 아픈 분, 소년 소녀 가장, 한부모 가정 이런 분들이 가져가서 맛있게 드셔달라고…….

내가 아는 그 동네 사시는 지인도 일부러 한 개 살 거 두 개 사서 넣어 놓기도 하고 과일이 많으면 당연히 반은 그 냉장고로 직행하고 라면도 1+1 구매해서 내 집 냉장고를 채우듯 넣어놓고 오면 얼마나 뿌듯하고 행복한지 모른다고 하신다. 어느 땐 김치가—, 어느 땐 쌀이—, 어느 땐 각종 밀키트가 골고루 여러 가지 들어 있다.

이 냉장고 때문에 나눔 하는 사람도 자연스럽게, 필요한 사람은 더욱 자연스럽게, 이웃을 배려하는 따뜻한 냉장고 아니 온장고 덕분에, 누군가에겐 훌륭한 양식으로 넉넉한 인심으로 온 마을이 나눔 하고 있다. 누구의 아이디어인지는 몰라도 너무 좋은 생각, 너무 좋은 배려이기에 마을마다 동네마다 사거리에, 길모퉁이에 이런 냉장고가 하나씩 세워졌으면 하는 생각에 이 글을 쓴다.

둘째 외손주

구운 마늘을 좋아하고 상추에 고기 싸는 걸 좋아하고 최애 갈비 맛집을 알고 있는 너는 여덟 살짜리 내 손주다.

수현아, 아가야. 네가 성인이 되어 이 글을 보면 어떤 미소를 지을까?

사랑하는 내 아가야. 큐티를 매일 하루도 안 거르고 기도하기를 즐겨 하고 암송하기를 신나 하며 엄마랑 꼭 같이 교회 가기를 빌고 원하는 너는 올해 한 살 더 먹어 아홉 살짜리 내 손주다.

나의 분신

나의 친구이자 동행자이자 나를 가장 잘 아는 너, 어느 땐 가장 잘 모르기도 하는 너, 넌 어느 날 비교적 큰 덩치로 내게 왔지. 나도 널 처음 만나는 거라 모든 게 서툴렀어. 아무것도 아는 게 없었지. 그저 그냥 어깨너머로 본 거 외에는……

그렇게 너와 나는 한 몸이 되어 인생의 삼분의 일을 살다가 지금 넌 너의 길을 가고 있다. 내가 허둥댄 것보다 내가 모자랐던 것보다 훨씬 유능하고 능력 있게 잘 해내는 너, 나보다도 더 큰 삶을 살고 있는 너, 너를 보며 흐뭇함도 있고 보람도 있고 기쁨도 있어.

네가 내 딸인 게 자랑스럽다, 사랑하는 딸아! 더도 덜도 말고 지금처럼만 지혜롭게 지금까지 해온 것처럼만 헤쳐 나가길 바라.

돌돌이와는 지금도 여행 중

 네가 내게 온 지 딱 십 년째야. 너와의 여행은 십 년째 계속되고 있지. 그런데도 난 전혀 지루하지 않고 날마다 새로워. 널 내 손에서 떼어 놓을 수가 없구나.

 십 년 전 어느 날 아들은 내게 말했지. 엄마 갖고 싶은 거 있으세요? 내가 정은이한테 가기 전 엄마를 위해 뭔가를 남겨주고 싶다고……. 그날은 아들아이가 한 가정을 이루러 떠나기 두 달 전이었어. 참으로 기특한 내 아들이지. 서른 두 살 어린애로만 알았었는데…….
 난 뜻밖의 아들 얘기를 듣고 가슴이 콩닥콩닥했지. 갖고 싶은 거? 뭐 사달라 하지? 가방? 옷? 보석 반지? 그래, 생각났어, 갖고 싶은 거……. 재봉틀, 성능 좋은 새 재봉틀, 그래 너무나도 좋겠다.

 그리하여 아들이 새 가정을 이루어 떠난 자리에 네가 대신 왔어. 그날부터 넌 내게 열일을 했지. 두 시간만 너에게 빠져들면 뭐든 뚝딱뚝딱, 꽃무늬 스커트도, 헐렁한 파자마도, 내 사랑하는 손녀딸 예쁜 원피스도 또 그 애의 아들이 가장 좋아하는 보들이 이불도……. 나는 오직 너랑 있을 때

가장 행복해. 모든 시름, 잡념 다 잊고 오로지 너하고만 속닥속닥……. 금방 완성되는 완제품에 성취감도 200배였어.

  난 지금도 날마다 나의 사랑, 나의 애장품과 여행 중이야. 나의 쉬는 날은 온전히 너와의 데이트! 난 너에 대해 아는 게 너무 없는데도, 한 번도 제대로 배워보지 못했는데도 넌 늘 그 자리에서 날 기다려 주고, 바라봐 주고 날 위해 희생해 주고 있지. 고장 한 번도 없이 말이야.
  내 인생에 네가 있어 난 힐링 제대로 하고 있다. 내 노년을 이렇게 행복하게 해주고 말야. 내 아들의 이 현명한 선물이 나와 이렇게 평생 동반하는 여행자가 돼줄지 몰랐는데 뜻밖의 횡재였어.

  돌돌아, 고마워. 앞으로도 계속 나랑 같이 가줄래?

You

You, 누구십니까?
You, 누구라고 말해야 합니까?
You, 제 인생의 조미료라고,
You, 아니 제 인생의 엔돌핀이라고,

  당신은 저의 디딤돌이 되고 기둥도 되고 활력소도 되고 그리고 당신은 어느 땐 환상의 보랏빛이었다가 닮고 싶은 핑크빛이었다가 또 어느 땐 아주 확실한 붉은색도 되었지요. 조그맣게 불러도 크게 대답해 주고 소리쳐 부르지 않아도 단숨에 달려와주고 보고 싶다 말하기 전에 늘 내 곁을 맴돌아주는 사랑하는 you, 난 당신을 사랑합니다.
  당신은 내 곁에서 없어서는 안 될 존재입니다. 지금처럼 건강하게 오래오래 제 곁에 있어주세요. 내가 당신을 사랑하는 만큼요.

  사랑하는 you, 고금선 님.

유자밭

따뜻한 남쪽 지방을 여행 중 유자마을을 만났다. 그곳의 논과 밭은 온통 유자로 노랗게 덮여 있었는데 얼마나 많은 유자가 노랑 노랑 달려있었던지…….

나무들의 어깨는 처지고 고개를 푹 숙인 채 언제부터 저러고 있었는지 지나가는 나그네들을 다 부르고 손짓하며 어서 와서 나 좀 구해주라고 외치고 있었다. 세상에나 한 가지에 주렁주렁 열 개 스무 개 이토록 많은 유자 열매가 열린 걸 보는 것도 처음인지라 우리 일행은 아예 차에서 내려 본격적으로 노오란 열매 구경에 신이 났다.

가도 가도 끝이 없는 유자밭, 노오랗고 예쁜 유자들이 서로를 뽐내며 봐달라고 아우성치고 있었다.
"어머나, 너무 예뻐."
"어머나, 정말 많아."
"어머나, 어떻게 이렇게 가지가 휘어지면서까지 많이 달릴 수가 있어? 세상에, 세상에…….

우리 일행은 처음 보는 유자에 흠뻑 취해서 이 밭 저 밭,

이곳저곳 감탄사를 쏟아놓으며 유자들과 떠들고 놀고 있는데 유자밭 저 끝에서 일을 하던 아저씨가 나오셨다. 아마 이 유자밭 주인장이신 듯했다.

"어떻게 이렇게 농사를 잘 지으셨어요?"
또 내 궁금증이 폭발하기 시작한다.
"아— 예. 올해 고맙게도 이놈들이 잘 자라주어 수확이 좋답니다."
"풍년이라 너무 좋으시겠어요. 수확을 많이 하시니……"
라고 물으니 이미 판매가 다 된 것이기에 관리만 하고 있노라고 하신다.
"아— 그러시군요."
그 주인장 말씀으로는 처음 열매가 열리기 시작한 무렵부터 벌써 대형 유통업체가 와서 이 밭의 수확물을 모두 결제했다고 한다. 그러나 내가 주인장으로서 허락하는데 "나 보는 데서 두 개만 따가시오"라는 게 아닌가.
"아닙니다. 이미 판매가 다 된 상품인데 그럴 수는 없지요."
그 노란 유자를 보며 감탄하는 우리 일행을 빈손으로 보내기 아쉬워 그중 두 개만 가장 예쁜 걸로 따가라고 말씀하신 주인장—. 이것이 시골인심이다. 이미 내 손에서는 떠났지만 빈손으로 보내기 아쉬웠던 그 마음이 고맙다.

우린 두 개가 아니라 20개 아니 200개쯤 넉넉히 그 유자 마을의 따뜻한 인심을 차 안 가득 싣고 생애 처음 보는 그 많은 유자 구경 실컷 하고 잘 놀다 왔다.

돈비

비가 내린다. 비가 오니 나가야 한다. 꽃무늬 프린트가 예쁘게 새겨진 내 우산이 현관에서 날 기다리고 있다.

횡단보도에 멈춰선 제각각 다른 예쁜 우산들이 뽐내며 서있다. 이마를 마주 대며 소곤대는 소리에 귀 기울여 볼까?
"우리 주인은 지금 바빠. 아마 초록 불이 들어오는 동시에 뛰기 시작할걸."
"우리 주인은 지금 기분이 아주 좋아. 언제나처럼 날 요리조리 흔들면서 걸어가겠지?"

비 오는 날 드라이브는 운무와 함께여서 더 몽환적이다.

촉촉이 젖은 솔잎을 푹신푹신 밟으며 하는 산책은 더 없이 날 청량하게 만들어 주고…….

비 오는 날 농부는 생명의 물이기에 바빠지고…….

온 대지와 나무들의 물 마시는 소리가 온 산천에 퍼지는 봄비—. 예부터 봄에 내리는 비는 그냥 비가 아니라, 그냥 물이 아니라 돈비라 했다. 온 대지를 촉촉이 적셔 한 해의 농사를 풍요롭게 책임지기에…… 그래서 봄에 내리는 비는 '돈비'이다.

지금 뭐 하고 계세요?

다이어트 중이라고요? 굶는 중이세요? 저녁만 안 먹는 중이시라고요?

먹고 싶은 칼국수, 세상 맛있는 빵, 떡 다 절식하신다고요?

다이어트하면서도 얼마든지 먹을 수 있는 맛있는 빵, 떡, 칼국수가 이렇게 많은데 왜 끊어요? 절대 끊지 마세요. 13kg 감량 후 1년 된 지금까지 요요 없이 그대로 유지하는 식단 레시피를 공유할게요.

백 퍼센트 실화입니다.

절대 굶지도 말고 먹고 싶은 거 참지도 말고 이 레시피대로 이렇게 다이어트 음식 해서 맛있게 드시면서 다 같이 건강한 삶을 누리어요. 저는 참고로 국민건강보험 직원 아니고요, 홍보 대사는 더더욱 아니고요. 제가 직접 겪고 체험해 보고 얻은 결과에 대해 나만 알고 있기에는 너무 아깝고 소중해서 이걸 보시는 모든 분들께 절절히 권하는 겁니다. 또한 몸이 너무 가볍고 늘 상쾌하고 55 사이즈가 척척 몸에 감기는 이 기분 같이 느껴보실래요?

먼저 다이어트 때 먹었던 식재료 공개할게요.

건과류, 팥, 수수, 기장, 보리, 아보카도, 오이, 양파, 상추, 깻잎, 연어, 양배추, 마늘, 생강, 계피, 브로콜리, 계란, 요거트, 고구마, 오트밀, 파프리카, 당근, 구운 계란, 땅콩잼 100%, 오징어, 애호박, 단호박, 늙은 호박, 두부, 서리태콩, 완두콩, 선비콩, 미역, 명란, 올리브 절인 것, 감자, 사과, 팽이·표고·새송이 포함 모든 버섯 다, 관자, 아몬드버터, 카카오 립스, 참치, 닭가슴살, 대파, 오리고기, 돼지고기 안심, 사계절 내내 구할 수 있는 재료들만 모은 것입니다.

다음 레시피입니다.

1) 애호박국수 : 긴 채로 썰어 들기름에 볶아서 간 마늘을 넣고, 소금 간을 한다.
2) 팽이버섯구이전 : 팽이버섯을 길게 찢어 프라이팬에 쫙 편 다음 노릇노릇 굽는다.
계란 두 개 풀어서 전처럼 부친다.
3) 양배추채 : 가늘게 채 썬 양배추를 약간만 절여서 꼭 짠 다음 레몬 몇 방울 떨어뜨려 슴슴하게 먹는다. 상큼함.
4) 양배추김밥 : 채 썬 양배추를 계란 물에 풀어서 두툼

하게 부쳐낸 다음 김밥 김에 그것만 싸서 먹어도 포만감 최고.

5) 브로콜리치즈전 : 브로콜리를 먹기 좋게 잘라서 계란, 모차렐라치즈와 잘 섞은 다음 프라이팬에 부친다.

6) 감자샌드위치 : 채 썬 감자를 계란과 버무려서 부친 후 라이스페이퍼를 깔고 노릇노릇 구운 후 반으로 접어 주기.

7) 버섯만두 : 각종 버섯이나 채소를 골고루 넣고 살코기와 함께 잘게 썬 후 두부 으깬 것과 버무려서 라이스페이퍼에 싸서 찜기에 찐다. 식힌 후 꺼낸다.

8) 명란오트밀밥 : 깻잎, 상추, 각종 야채와 아보카도, 명란이랑 버무려 먹기.

9) 오이들깨가루무침 : 오이를 맘대로 썰어 20분 절인 후 꼭 짜서 다진 마늘, 들깨 가루(오이 한 개 기준 : 밥숟가락으로 다진 마늘 한 스푼, 들깨 두 스푼) 조물조물 버무리기.

10) 양파, 마늘구이 내 멋대로 썰어 들기름에 구워 먹기. 이거는 수시로 먹는 거임. 귀찮을 때는 그냥 전자레인지에 2분만 돌려서 바로 먹기.

11) 단호박카스테라(No 밀가루, No 버터) : 찐 단호박을 으깬 다음 꿀과 건과류를 취향껏 넣고 전자레인지에 3분 돌리면 끝.

12) 건과류(No 밀가루 · No 버터 즉석 빵) : 아무거나 모든 건

과류 종이컵 한 컵, 계란 세 개, 꿀은 취향껏 이 모든 것을 믹서에 간 다음 기포를 빼고 전자레인지 전용 그릇에 6분 돌리기.
13) 깻잎두부전 : 깻잎을 잘게 썰고 두부 으깬 것과 섞은 다음 계란 풀어서 부친다(참고로 깻잎과 두부, 계란은 찰떡 궁합입니다).

아침 루틴
- 따뜻한 물 1,000cc 정도 마시기.
- 카카오 닙스 먹기.
- 사과, 건과류, 올리브오일, 블루베리와 구운 계란을 요거트에 버무려 먹기.
- 당근 찌거나 볶은 거, 양배추토마토계란볶음, 감자 등은 아침 식사 대용으로 바꿔가면서 먹어주기.

저녁 루틴
- 바나나·고구마 필수, 단백질 종류 뭐든 먹어주기.
- 중간중간 간식 : 방울토마토, 오이, 무, 콜라비, 파프리카, 건과류.

주의사항
다이어트의 핵심은 식단이 80%, 운동이 20%인 거 아시죠?

그만큼 식단을 강조하는 거구요.

또 중요한 건 하루 세 끼를 규칙적으로 식사 시간이나 먹는 양을 잘 지키는 게 성공하는 길입니다.

굶으려고 하지 마시고 약에 의존하지 마시고 규칙적인 식사와 건강한 식재료를 선택해 포만감 있게 드시는 것이 중요합니다.

그래야 건강도 해치지 않고 요요도 안 일어납니다.

단, 음식을 먹는 순서도 매우 중요한데요.

채소, 식이섬유, 견과류, 요거트 먼저 드시고, 단백질, 그다음 맨 나중이 탄수화물입니다.

또한 가급적이면 간이 강한 음식은 피하시고 모든 재료는 그냥 재료 그대로의 맛을 느끼며 슴슴하게 드시는 걸 추천 드려요.

김남주 시와 수필

사랑할 수 있는 한 사랑하라

초판 발행일 2025년 5월 25일

지은이 김남주
펴낸이 임만호
펴낸곳 창조문예사
등 록 제16-2770호(2002. 7. 23)
주 소 서울특별시 강남구 압구정로 404, 2층(청담동) (우 : 06014)
전 화 02) 544-3468~9
F A X 02) 511-3920
E-mail holybooks@naver.com

책임편집 김종욱
디자인 이선애
제 작 임성암
관 리 양영주

ISBN 979-11-91797-73-2 03810
정 가 10,000원

※ 잘못된 책은 바꾸어 드립니다.